I0167012

LA FAMILLE
DE
MA TANTE AURORE,
OU
LA MATINÉE ROMANESQUE;

FOLIE-VAUDEVILLE EN UN ACTE ET EN PROSE,

PAR P. THÉNARD;

Représentée, pour la première fois, à BREST, le 7 nivôse an 12 (29 décembre 1803).

PRIX : 1 franc 25 cent.

A BREST,

Chez MICHEL, Imprimeur-Libraire.

AN XII. — 1804.

POUR ET CONTRE,

ESPÈCE DE PRÉFACE.

FINIS donc, disoit Faublas à Justine, en la poussant sur l'ottomane; *tu fais des préfaces comme un auteur siflé.* Et le mot étoit juste; mais s'il est embarrassant pour un auteur de se laver d'une chute avec de grands mots, il l'est bien davantage de se vanter d'un succès : dans le premier cas on n'est qu'entêté ; dans le second on risque d'être sot.... Lequel serai-je des deux ? Puisqu'on a daigné m'applaudir, il faut bien que je me vante un peu; mais je le ferai comme tant d'autres, par reconnoissance ; je m'humilierai ; de plus, je parlerai de la bonté du public, du talent de mes acteurs, qui seuls m'ont fait valoir ; j'avouerai, comme tant d'autres, que mon ouvrage n'est qu'une amplification bouffonne d'un opéra très-gai ; que cette bouffonnerie n'est pas le vrai comique ; que je sollicite l'indulgence du lecteur pour mes fautes contre le goût, le style, la vraisemblance, le bon sens même... etc., etc. Et après cette kyrielle de vérités modestes, je dirai, comme tant d'autres, que mon vaudeville a été conçu et fait en douze jours, *par moi seul* (chose étonnante au tems qui court), que la leçon qu'on en tire, frappant sur une manie en pleine vigueur (celle des romans anglais), n'en est que plus profitable ; que dans les trois actes de ma Tante Aurore, le troisième reste au-dessous du second, qui ne vaut pas le premier ; que mon heureux et spirituel devancier s'est vu soutenir par les agrémens d'une musique expressive et variée, par les magiques effets d'un nombreux orchestre, appuis plus solides que mon modeste quatuor et mes refrains ; que son dénouement actuel tombe des nues, quand le mien s'y élève (*). Enfin, lecteur, je dirai tout ce que vous diriez à ma place ; reste à savoir ce qu'on en croira.

(*) *Nota.* Ceci est un mauvais jeu de mots.

PERSONNAGES.

CHRISOSTÔME GERMON, français, habitant l'Italie.	M. DUREMÈRE.
AUGUSTE FRIVOLET, son neveu.	M. CAMPENHAUT.
FLORVAL, physicien aéronaute, amant d'Arabelle.	M. PLATEL.
LUCAS, jardinier factotum, garçon simple.	M. THÉNARD.
GERMANO, intrigant italien, confident d'Auguste.	M. CHEVALIER.
Un OUVRIER de Florval.	M. MORIZET.
ARABELLE, jeune fille romanesque et mélancolique, fille de Germon et nièce d'Aurore de Germon.	Mlle. LIZARDE.

La Scène se passe dans une maison de campagne, aux portes de Florence.

LA FAMILLE DE MA TANTE AURORE,

OU

LA MATINÉE ROMANESQUE.

Le Théâtre représente un Jardin un peu négligé, quelques pots de fleurs épars; un joli Pavillon à droite, surmonté d'un cadran antique. — Un banc de pierre à gauche; des chaises au bas du Pavillon. — Une grille à gauche; au fond, un mur de 8 à 9 pieds, derrière lequel est l'enceinte des expériences aérostatiques de Florval.

SCÈNE PREMIÈRE.

FLORVAL, FRIVOLET (*tenant des tablettes et écrivant. Ils entrent par la grille ouverte, et se promènent*).

FRIVOLET.

Oui, mon ami, j'augure très-bien de ton ascension; mais ce jardin est-il aussi de ton enceinte?

FLORVAL.

Non; mais j'y puis entrer; il est heureux au moins que le hasard t'ait conduit vers mes ouvriers. Je te croyois perdu dans Florence.

FRIVOLET (*très-légèrement*).

Que veux-tu, mon ami?... J'arrive ici de Paris avant hier à six heures du soir....

FLORVAL.

Oui ; comme un vrai poète.

FRIVOLET.

Mieux qu'un poète : j'étois en diligence.

AIR : *Une fille est un oiseau.*

Je te trouve sur mes pas,
Des amis le plus fidèle ;
Pour mieux signaler ton zèle,
Tu me prêtes vingt ducats.
L'auberge la plus voisine
Nous présente sa cuisine ;
Notre hôtesse, aimable et fine,
A logé Monsieur Germon :
On dit ses erreurs complettes ;
Mais il veut payer mes dettes,
Et voilà de la raison. (*ter*)

Et tout en cherchant sa maison de campagne, j'achevois de brocher sur les tablettes que tu m'as prêtées, ces petits couplets critiques que la Signora Germano m'a demandés ce matin.

FLORVAL.

Est-ce pour le roman que ton oncle t'a commandé ?

FRIVOLET.

Pas tout à fait.... Mais cela y revient assez.

FLORVAL.

Sais-tu bien que son indulgence est grande ? te rappeler à lui, payer tes dettes, et t'imposer pour toute punition, un petit roman à faire.

FRIVOLET.

Petit, c'est le mot ; il n'ennuiera pas son lecteur.... Je le mets en action.

FLORVAL (*riant*).

Bien vu.

FRIVOLET.

Il y a déjà une scène de jouée.

FLORVAL.

Te voilà bien, auteur dramatique.

FRIVOLET.

Dis donc auteur de vaudeville . . . . . je ne suis pas fier, moi.

AIR : *De la Sauteuse d'Ida.*

Couplets, opéra,
Ce n'est pas là
La comédie;
Le plus gai refrain
Près de Molière est bien mesquin.
Quolibets du jour,
Vieux calembour
Et parodie,
Du couplet
Qui plaît
Voilà le trait,
Voilà l'effet.
Dans Piron, Pannard,
Collé, Favard,
Qu'on étudie,
On puise l'esprit,
On rajeunit
Et l'on écrit.......
Couplets, opéra, etc.

Trois amis entre eux
D'un titre heureux
Veulent qu'on rie;
A tort à travers,
L'un prend des airs,
L'autre des vers.
L'enfant du matin
Le soir s'éteint,
Et chacun crie :
Pauvres spectateurs!
Pauvres acteurs,

Pauvres auteurs !
Couplets, opéra, etc., etc.

Et voilà ce qui rapproche un peu mon art du tien; en poésie comme en physique, on emprunte beaucoup et l'on produit à peine.

FLORVAL.

Malheureux rimeur ! tu compares ton œuvre mort-née à mon globe majestueux ?

AIR : *Du vaudeville d'Angélique et Melcour.*

De l'air, du feu le double effort
Produit sa forme et sa puissance;
A des calculs livrant son sort,
Le savant avec lui s'élance.
Sous ses pieds laissant nos guérets,
Il vole au séjour du tonnerre,
Du ciel dérober les secrets
Pour en éclairer la terre. (*bis*)

FRIVOLET (*riant*).

Gonfle-toi tant que tu voudras ; je poursuis ma comparaison.

Même air.

De brillant ton vide est couvert,
Comme chez nous ; l'aveu m'échappe;
Raison solide, esprit ouvert,
Voilà ton lest et ta soupape;
Ton gouvernail, ce sont nos lois;
Le sifflet..... c'est le vent contraire;
Et si nous tombons quelquefois,
C'est pour éclairer la terre. (*bis*)

Avec cette différence que nous pouvons nous relever... Mais où suis-je donc ici?

FLORVAL.

Ingrat ! depuis deux jours à Florence, et tu ne connois pas ce jardin ?

FRIVOLET (*riant*).

Dieu! mon cœur palpite... Je parie que je suis chez mon oncle.

FLORVAL.

Précisément. (*Il rêve.*)

FRIVOLET (*d'un ton tragique*).

Voilà donc ces remparts que je voulois défendre!.... Oh! que c'est vilain ici!.... Ce pavillon et ce cadran romanesque!... Ah! ah!... Mais tu ne ris pas, Florval : en honneur, six mois d'Italie t'ont perdu, et, comme dit le cygne de Mantoue, *quantùm mutatus ab illo!*... A propos, ma cousine est un peu folle aussi, à ce qu'on prétend.... Mais qu'as-tu donc ?

FLORVAL.

Des chagrins.

FRIVOLET (*riant*).

Conte-moi cela ; j'aime les nouvelles... D'ailleurs je puis me chagriner d'un moment à l'autre, et tu me consoleras aussi.

FLORVAL.

Air : *D'un époux chéri la tendresse.*

O mon ami, plains ma misère.

FRIVOLET.

Je te plains, mais sachons pourquoi ?
Hélas ! aurois-tu comme moi,
Au jeu laissé ta bourse entière ?

FLORVAL.

Ce défaut je ne l'eus jamais ;......
Mais contre moi tout se rassemble.

FRIVOLET.

Mon ami, tu n'as plus rien ; mais
Rassure-toi, je te promets
Que nous en chercherons ensemble. (*ter*)

Deuxième couplet. — *Même air.*

FLORVAL.

Tu n'as pas deviné ma peine :
Apprends que j'aime et pour toujours.

FRIVOLET.

Faut-il qu'au pays des amours
On trouve encor une inhumaine ?
Mais calme-toi : car j'aime aussi ;
Pour mes feux de même je tremble.
Tous les deux nous souffrons ; ainsi,
Compte sur moi ; je t'offre ici......
De nous en consoler ensemble. (*ter.*)

FLORVAL.

Tu plaisantes, et je suis jaloux !

FRIVOLET.

Moi aussi. De qui ?

FLORVAL.

D'un joli masque.

FRIVOLET.

Et moi d'un vilain.... A ce bal public d'avant-hier.

FLORVAL.

Tu y étois ?

FRIVOLET.

Sans doute ; et ma cousine aussi. Je veux te conter...

FLORVAL.

Eh ! je le sais bien !... Cruelle Arabella !

FRIVOLET (*à part*).

Oh ! diable ! j'allois tout lui dire.... (*haut, riant.*) C'est Arabella que tu aimes ?

FLORVAL.

Un lutin femelle s'en empare, et par des propos romanesques enflamme tellement son imagination, que depuis cette heure-là, je n'ai pu m'en faire écouter.

FRIVOLET (*à part*).

Bravo! mon hôtesse! bravo! (*haut.*) tu étois en Momus, n'est-ce pas?

FLORVAL.

C'étoit bien choisir. —

AIR : *Beautés mâles et soutenues.*

Le masque heureux de la folie
Malgré moi déguisoit mes maux.

FRIVOLET.

Et la fureur, je le parie,
Agitoit seule tes grelots.

Quant à moi je m'étois déguisé pour des italiennes.

Sous la peau d'Hercule Farnèse,
Aux hommes j'inspirois l'effroi,
Et j'avois, ne vous en déplaise,
Toutes les femmes après moi.

FLORVAL.

Que n'avois-tu mon importune?

FRIVOLET (*à part*).

Mon aimable commissionnaire! (*haut.*) Mais comment épouseras-tu sans le consentement de ma tante Aurore?

FLORVAL.

Le courrier de midi me l'apporte aujourd'hui.... Valsain me l'annonce par cette lettre....

FRIVOLET.

Que je t'ai remise? (*il frappe du pied.*) Mon ami, j'en suis fâché, l'on t'abuse : ma cousine en aime un autre.

FLORVAL.

Qui donc?

FRIVOLET.

Moi, depuis dix ans.

FLORVAL (*riant*).

Ah! tu plaisantes.

FRIVOLET.

Non, le diable m'emporte.... Il faut que tu me la laisses ; j'en ai besoin.

FLORVAL (*un peu en colère*).

Monsieur !...

FRIVOLET.

Ecoute donc ; je raisonne.... (*Lucas traverse en lisant. Il vient du dehors. Il a dans chaque poche un roman nouveau.*) Quel est ce garçon-là ?

FLORVAL (*à part*).

Modérons-nous.... (*Haut.*) Eh bien ce raisonnement ?

FRIVOLET.

On paye mes dettes, c'est fort beau ; mais je n'y gagne rien, moi, et je n'en veux plus faire ; Paris m'ennuie ; ce pays me plaît ; ma cousine est jolie ; elle n'a pas pu m'oublier ; la dot est de quarante mille francs ; j'épouse et tout ici change de face.

(*Il examine le jardin.*)

AIR : *Des portraits à la mode.*

L'oncle, j'espère, entendra la raison ;
L'enclos est gai, le terrein paroît bon,
Mais il y faut cour, jardin et maison,
Suivant la nouvelle méthode.
Ce potager on me le sablera,
Ce petit bois, on me le coupera,
Ce logis neuf on le rebâtira.....

FLORVAL.

C'est l'économie à la mode.

FRIVOLET.

Quant à toi que l'amour des hautes sciences doit seul occuper, ... tu poursuis ton chemin vers Rome.

AIR : *Aussitôt que la lumière.*

Des cités la souveraine
Te voit franchir l'horison,
Mais mon bonheur te ramène
Un beau jour sur ma maison.
Je dînois, ... surprise aimable !

Qui me tombe en ce moment ?
C'est Florval qui pour ma table
A quitté le firmament,

Mais je te laisse ; on est peut-être allé au-devant de moi sur la route.

FLORVAL (*en colère*).

Monsieur, nous nous reverrons.

FRIVOLET.

Je le crois bien.... Tu seras mon premier témoin.

FLORVAL (*essayant de rire*).

Je compte assez sur le cœur d'Arabelle....

FRIVOLET.

Tu veux jouter.... (*Lucas repasse, lisant toujours, et un mouchoir sur ses yeux ; il gesticule.*) Eh ! voilà sans doute ton agent ? ... Sur sa seule figure, je n'en voudrois pas pour rien.... A ce soir, mon ami, tes vingt ducats, mon mariage et ton ascension. Je te souhaite bien du bonheur.

(*Il sort en chantant.*)

SCÈNE II.

FLORVAL, LUCAS (*toujours occupé*).

FLORVAL.

Je demeure stupéfait ! et Valsain qui ne me prévient pas.... Ah ! c'est toi Lucas.... Où sont-ils ?

LUCAS.

A la promenade. Quel est ce jeune homme qui court ?

FLORVAL.

Eh ! c'est Auguste, le neveu....

LUCAS (*pleurant et regardant*).

Le drôle d'habit ! c'est comme une veste.

FLORVAL.

Tu pleures ?

LUCAS (*montrant son livre*).

Pardi! je le crois bien..... Cette pauvre Julia, que Mazzini veut forcer....Ah! le cruel tyran!... Savez-vous cette histoire-là?

FLORVAL.

Non; mais....

LUCAS.

AIR : *Du vaudeville de M. Guillaume.*

Au fond d'un bois agreste et romantique
Est le plus ancien des châteaux,
Dont la lune mélancolique
Vient faire pâlir les crénaux.
Quand minuit frappe à coups égaux,
De cette tour, Julia délaissée,
S'échappe, on ne sait pas comment;
Et puis vient la maréchaussée
Qui fait le dénouement. (*ter*)

FLORVAL.

Tu ne sais pas ce qui m'arrive?....

LUCAS.

Un roman nouveau? vous me le prêterez....

FLORVAL.

Eh! non. Mon amour....

LUCAS.

J'en ai toujours bien soin.

FLORVAL.

Bavard!

LUCAS.

Et puis ce n'est pas du bien perdu avec moi; j'y pleure comme une bête.... Les Mystères d'Udolphe, par exemple....

FLORVAL (*à part*).

Attendons....

LUCAS.

Je sais par cœur les six volumes.... Çà fait peur et plaisir.

Même air.

Un pistolet amène la rencontre ;
Un vieux barbon fait le railleur ;
Un tyran galamment se montre ;
L'aspect d'un rideau fait horreur ;
Trois cents soldats tremblent de peur ;
On voit marcher une lumière ;
Et depuis le commencement....

Voici le merveilleux :

La dame Blanche sait se taire
Jusques au dénouement. (*ter*)

FLORVAL.

Tout est dit, n'est-ce pas?... T'es-tu occupé de mon amour?

LUCAS.

Oh! de ça, vous savez bien qu'après les mystères, les enfans, les spectres, les dangers et les châteaux, c'est ce qui m'occupe le plus.

FLORVAL.

Qu'ai-je donc fait hier pour être traité aussi cruellement?

LUCAS.

Vous le demandez!... Nous aimons les romans, et vous en riez; monsieur en a un dans la tête; il n'a plus que la première page à commencer, et vous le dérangez de son inspiration? Mlle. Arabelle rêve à tous les mystères du Château d'Otrante, qu'elle a fini hier matin, et vous venez lui parler de votre amour qu'elle sait depuis quinze mois.

FLORVAL.

Pour une rêverie....

LUCAS.

Ce n'est donc rien qu'une rêverie au clair de lune? Le plus bel endroit d'un roman, et nous le guettions depuis trois semaines.

FLORVAL.

Mais elle m'aime.

LUCAS.

On le voit bien !... Mais c'est vous qui ne l'aimez pas comme il faut.... Voyez tous les amoureux de nos histoires que nous lisons, Vivaldi, Valincourt, Rinaldi et...

FLORVAL.

Trève aux citations.

LUCAS.

Aussi c'est bien fait ; quand vous parlez de votre amour à Mlle. Arabelle, elle a l'air de vous écouter un peu et puis, crac.

Air : *Tic tac, mic mac.*

Un vertigo l'agite,
Elle s'enfuit soudain.
Elle descend bien vîte
Jusques à mon jardin.
Là, d'un roman bien sombre
Les amoureux
Malencontreux
Font à ses yeux,
D'un sort fâcheux
Des récits en grand nombre.
Là, pour eux d'un tyran jaloux,
Des ours, des loups,
Elle brave les coups.
Eh ! pourquoi ça ? c'est qu'ils sont tous
Beaucoup plus fous
Que vous.

FLORVAL.

Le tems presse... Ecoute-moi... Tu viens de voir Auguste ; il ne faut pas qu'il entre ici.

LUCAS.

Tiens ! votre ami ? le neveu de monsieur ?

FLORVAL.

D'ici à midi seulement.... Tu verras bien à cette horloge....

LUCAS.

Quand elle ira.... Nous l'avons ; mais ce n'est pas pour voir l'heure. Monsieur l'a fait venir d'un vieux château.... Vous savez bien les enfans de l'abbaye ?...

FLORVAL.

C'est bon.... Mais ferme au moins la grille.

LUCAS.

Et monsieur qui se fâcheroit.... Comment avoir des aventures avec une grille fermée ?...

FLORVAL.

Et si quelqu'un de suspect alloit s'introduire.

LUCAS.

Ah ! nous faisons tous les jours la visite.

AIR : *De la marche du roi de Prusse.*

A minuit, chaque soir,
Il est beau de nous voir
Visiter ce manoir
Et son terroir.
Mademoiselle est en peignoir,
Tenant d'une main son mouchoir,
Tantôt elle frémit d'espoir,
Tantôt de crainte veut s'asseoir.
Moi, je suis chargé du bougeoir,
Et Monsieur de l'éteignoir.
En quittant le parloir,
On monte au réservoir,
D'où l'on ne peut rien entrevoir.
De Monsieur le vouloir
Nous mène à l'abreuvoir,
Et dans ce magique miroir
On voit danser mon arrosoir,
Un baquet paroît se mouvoir,
A l'examen je veux surseoir,
Et j'annonce qu'il va pleuvoir ;
Mais on m'entraîne au saloir.
La broche tourne, on veut savoir

Par quel moyen, par quel pouvoir ;
On visite chaque tiroir ;
On vient enfin au caveau noir,
Où l'on est surpris d'appercevoir
Un gros chat dans l'entonnoir.

FLORVAL.

Aumoins tu peux veiller. Je vais à mes préparatifs.

LUCAS.

A propos, nous aurons des billets pour votre ballon ?

FLORVAL.

N'est-ce pas pour Arabelle que j'ai rapproché d'ici ce spectacle curieux !... (*Il veut sortir*).

SCÈNE III.

LUCAS, FLORVAL, UN OUVRIER.

UN OUVRIER (*survenant*).

Monsieur Florval, on vous cherche dans l'enceinte ; un domestique à la livrée du ministre vient d'apporter cette lettre pour vous.

FLORVAL [*ouvre promptement*].

Donne.... Le ministre me mande ; (*à Lucas*) je cours chez son excellence, ensuite à la poste, j'ouvre ma lettre, et j'envoie mes tablettes.... Etourdi ! j'oublie que je les ai données.

LUCAS.

Celles de mademoiselle ? à qui donc ?

FLORVAL.

Le tems presse.... (*à l'Ouvrier.*) Tu vas me suivre à la ville, et rapporter un papier pour Mlle. Germon. Mademoiselle Arabelle Germon, tu entends bien.

LUCAS.

Ou bien, moi.

L'Ouvrier.

Une grande belle demoiselle, blonde, habillée de mousseline.... Une tournure....

Lucas.

Oui, dans mon genre, si ce n'est que je suis brun et que je porte du drap.

Florval (*s'échappant*).

Je pars. Méfie-toi du neveu surtout. (*L'Ouvrier le suit.*)

SCÈNE IV.

Lucas (*seul*).

Soyez donc tranquille, et pensez à votre voyage.... C'est un bon garçon, mais je ne prendrois pas une place dans sa voiture.... (*Il prend sa serpette et son livre.*) Monsieur ne va pas tarder à rentrer.... Acheverai-je de lier mes margottes, ou si je reprendrai mon septième chapitre.... Elles ont le tems. (*Il s'assied à gauche et lit.*) « C'est la sentinelle de la tour de l'Ouest, répondit » *Anna*, avec un visage nébuleux auquel la clarté vacil- » lante du dernier tison donnoit une teinte livide et rou- » geâtre ». Ah! voilà le passage que j'aime. (*Il tire son mouchoir d'un air content, et le met sur son banc.*) « *Emilie*, inexprimablement oppressée, poussa un soupir » imperceptible ». (*Il pleure.*) Il semble qu'on voit ça, « Je » le crois, répondit Madame *Montoni*, d'une voix amincie » et annulée par la terreur ». Il faudroit être de pavé bronzé pour n'être pas ému.... (*il lit plus haut et pleure.*) « Où est-il?....

SCÈNE V.

GERMON (*arrivant à droite et appelant*), LUCAS (*pleurant et lisant*).

Germon [*vieillard très-vif*].

[*Il a sur les yeux un couvre-vue, un cahier blanc*

à la main, et gronde entre ses dents ; il parle à la cantonnade].

C'est ce que je vous demande.... Où est-il ? cet imbécille !

LUCAS [*sans se déranger*].

Hein ! J'y suis. [*Il reprend.*] Ce repos balsamique et journalier qui allégeoit mon cœur assombri ?

GERMON [*s'impatientant*].

A qui parles-tu donc ?

LUCAS.

A vous. [*Il lit.*] O boiserie antique et respectable....

GERMON [*s'approchant en colère*].

Veux-tu m'écouter ?

LUCAS [*sanglotant*].

Oui, car je n'en peux plus.

GERMON.

Sais-tu, paresseux ? .....

LUCAS.

Quand je lis ça....

GERMON.

Que j'ai pensé tomber....

LUCAS.

Mon âme est ébranlée....

GERMON.

Tout d'une pièce....

LUCAS.

Dans ses fondemens....

GERMON.

Dans ce grand trou ?....

LUCAS.

Et mon esprit....

GERMON.

Moi, je le crois bouché....

LUCAS.

LUCAS (*s'arrêtant*).

C'est poli.

GERMON (*faisant un pas*).

Et je m'avance.

LUCAS [*le retient*].

Prenez donc garde.

GERMON.

Drôle ! si je n'avois pas besoin de toi pour lire ce que j'écris....

LUCAS.

La peine n'est pas grande.... Il me paroît que Mademoiselle est là....

GERMON.

Avec Léonarde ; ce drôle là sait que toujours je rentre par la porte du potager.

LUCAS.

Et Monsieur est si vif ! ... Je parie qu'elle apprête ses habits de bal pour demain.

GERMON [*réfléchissant*].

Cette rencontre n'est pas un événement ordinaire.... Car c'étoit bien une grande brune...

LUCAS.

Ou un grand brun ;...... car au bal....

GERMON.

J'ai jasé avec elle ; et en jasant... [*Il lui parle bas.*]

LUCAS.

Je ne dis plus rien.... Mais elle s'est peut-être moquée de vous ?

GERMON [*levant sa canne*].

Insolent !

LUCAS [*sanglotant*].

Enfin, cela n'arrive-t-il pas souvent, et surtout à Mademoiselle ?

GERMON.

C'est qu'il n'y a plus d'âmes sensibles.

AIR : *L'amour est un enfant trompeur.*

L'amour trop volage à Paris,
Me fit quitter la France :
Je lui croyois en ce pays,
Une triste apparence;
Poisons, stylets, maris fâcheux.
J'espérois ne l'y voir heureux
Qu'à force de souffrance. (*bis*)

LUCAS.

Mais vous êtes détrompé.

GERMON.

Même air.

Nos guerriers ont, par leurs succès,
Détruit la différence;
Ici la folie et la paix
Ont droit de résidence.
Les dames ont un air français,
Et mettent leurs maris exprès
A la mode de France. (*bis*)

LUCAS.

S'il n'y avoit que les maris, ça ne seroit rien.... Mais tout est changé.

AIR : *J'ai bien vendu, je t'en réponds.*

Il n'est plus de spectres errans,
Troublant les époux et les fêtes,
Plus de souterrains, plus d'honnêtes
Brigands;
Plus de héros, dont le courage
D'un tyran punisse la rage
Et rende une victime au jour;
Plus de Dames qu'on empoisonne,
Et je n'y vois mourir personne
D'amour.

Il n'y a que Mademoiselle d'un peu malade.

GERMON.

Et c'est ce qui me fâche ; car ce Florval est bien froid ; enfin où est-il à présent ?

LUCAS.

A ses Ouvriers. C'est aujourd'hui sa première ascension.... Le Ministre y sera, les Dames de la Cour y seront ; moi, j'y serai.

GERMON [*vivement*].

Oh ! que j'étois différent à son âge !

AIR : *Dans ma jeunesse.*

Dans ma jeunesse,
Quels touchans souvenirs !
Aspirant les plaisirs,
Consumé de désirs,
Dévoré de soupirs,
Epuisé de tendresse,
Brasier ici, volcan par là,
Près de ma maîtresse,
Toujours en détresse,
Toujours en ivresse,
Je brûlois sans cesse ;
Mais Florval va
Cahin, caha ! } (*bis*)

LUCAS.

Vous deviez mettre le feu partout.

GERMON.

Voilà comme on aime.

LUCAS.

Et comme on perd sa vue.

GERMON.

Et même à présent.... Enfin cette femme du bal ne me sort pas de l'idée ; demain j'y retourne et je lui parle.

LUCAS.

Ce n'est pas la peine, pour en faire comme du roman.

SCÈNE VI.

GERMON (*assis*), LUCAS, GERMANO.

GERMANO, (*en grande redingote avec des moustaches. Il se parle à lui-même*).

A poco! siamo proudente. (*A Lucas.*) Ascoltate mi.

LUCAS.

Voï siete italiano?

GERMANO.

Si; ma posso parlare frantcheze.

LUCAS.

Que demandez-vous ici?

GERMANO (*avec des révérences*).

AIR : *Du Jaloux malgré lui.*

Chez Mousiou Germon, je doumande
Oun intendant, oun couisinier,
Oun valet qui sert et coumande,
Oun secrétaire, oun jardinier;
Depiou oun lector qui raisonne,
Enfin oun aimable garçon.

LUCAS (*se pavanant*).

Ces messieurs-là sont ma personne, } (*bis*)
Et je suis toute la maison.

GERMANO.

Vela ouna lettra per Mousiou vostre maestro. (*Lucas prend la lettre.*)

GERMON.

De quelle part?

GERMANO.

D'ouna Dama.... Ricordate d'avant-hier. Non posso piou.....

GERMON (*avec transport*).

Ah ! mon Dieu ! Seroit-ce ? Lis promptement, mon ami. (*Il se lève.*)

LUCAS (*lit*).

AIR : *J'arrive ici de Rome.* De Santeuil.

» Aimable, jeune et belle,
» Victime de l'amour,
» Pour suivre un infidèle,
» J'ai couru nuit et jour.
» D'une flamme insensée
» La mort va me guérir.
Ah ! mon Dieu !
» Quand on est femme et délaissée,
» Il faut vivre ou mourir ». } (*bis*)

GERMON.

Hélas ! il n'y a pas de milieu.

LUCAS.

En voici bien d'un autre !

Même air.

» Par sa grâce accomplie
» Florval surprit mon cœur.
» Des feux de l'Italie
» S'accrut ma folle ardeur :
» Ma vertu se ranime ;
» A vous je veux m'ouvrir,
» Le voir, lui reprocher son crime,
» L'étrangler et mourir ». } (*bis*)

GERMON.

Quel amour ! pauvre femme !

LUCAS.

Ça tire les larmes des yeux. (*Il lit.*) Signé MIRABILIA ; jusqu'à son nom qui fait peine !

GERMON [*vivement*].

Je m'en étois douté. [*A Germano.*] Conduisez ici cette Dame ; je la consolerai, je la vengerai...

GERMANO.

Vi la mérété.... c'est ouna famma, coumme il n'y en a puoint. (*Il sort en riant sous cape.*)

SCÈNE VII.

GERMON, LUCAS, [*se regardant*].

GERMON (*avec chaleur*].

Eh bien! ce petit Monsieur, n'avois-je pas raison de lui dire.

AIR : *On ne vous voit jamais rêveuse.*

A la douceur près d'Arabelle
Unissant la gaîté, l'esprit,
Vous n'opposez à la cruelle
Qu'un air sage, un léger dépit.
Romans et drames vous font rire,
Si le goût au vrai ne s'y joint;
Et vous promettez sans délire,
Un ménage heureux en tout point.....
Non, mon gendre, vous n'aimez point. (*quater*)
Non, vous n'aimez point. (*bis*)

Reste-là (*Lucas qui alloit pour le reconduire, s'arrête*); je vais chercher ma fille. [*Il sort.*]

SCÈNE VIII.

LUCAS (*seul*).

Quoiqu'ça, si Monsieur Florval est infidèle, il se moque donc de moi, en me payant pour le servir.... Si j'avois su cela, j'aurois toujours pris l'argent, mais je lui en aurois dit ma façon de penser.

GERMON (*criant dehors*).

Eh! Lucas! Lucas!

LUCAS (*s'écriant*).

Encore une chûte! Comme c'est étourdi!....

GERMON.

Viens-tu, coquin! [*Lucas y court*].

SCÈNE IX.

FRIVOLET [*en femme*], GERMANO, DEUX PORTEURS DE CHAISE.

FRIVOLET (*à Germano*).

Quelle heure est-il? [*Il regarde au cadran.*]

GERMANO.

Midi.

FRIVOLET [*aux porteurs*].

Tout va de travers dans la maison.... piou presto, via! via!.. [*Les porteurs se retirent.*] J'espère que j'arrive avant la lettre.

GERMANO.

Vi promettez?...

FRIVOLET.

Ce matin même, mio amigo, mon mariage et les 25 ducats de récompense.

GERMANO.

Lé zoli roman!

FRIVOLET.

Mon dénouement n'est pas neuf, mais il est prompt....

SCÈNE X.

FRIVOLET, GERMANO, L'OUVRIER.

L'OUVRIER [*à part*].

Grande, habillée de mousseline.... La voilà bien. (*Haut.*) Mademoiselle....

FRIVOLET [*baisse son voile*].

Plaît-il ? que voulez-vous ?

L'OUVRIER [*bas*].

C'est de la part de M. Florval, vous êtes prévenue, voilà ce que vous savez. [*Il lui glisse un papier.*]

FRIVOLET [*à part*].

Prenons toujours. [*On entend un prélude de guitare, dans le Pavillon à la fenêtre du premier.*] [*A Germano.*] Il faut le renvoyer.

GERMANO.

Andate.

L'OUVRIER [*voulant s'expliquer*].

Mais il va venir.

FRIVOLET [*bas à Germano*].

Ferme la grille.

GERMANO.

Andate balordo ! [*Il pousse l'Ouvrier dehors.*]

L'OUVRIER [*s'en allant*].

Elle est bien rude, la Demoiselle. [*Germano ferme la grille.*]

SCÈNE XI.

ARABELLE [*dans sa chambre, derrière sa jalousie*]; FRIVOLET [*au bas du Pavillon*]; GERMANO [*guettant*].

FRIVOLET [*joyeux*].

O bonheur !

[*Arabelle chante en s'accompagnant*].

AIR : *Deux jeunes gens s'aimoient d'amour.*

Aimable et tendre Malvina,
Douce Rosa, fière Cécile,

Et vous, errante Rosalba,
Animez ce champêtre asile.
Du sort, vous eûtes tour à tour,
La faveur, la haine obstinée,
Et je cherche encore en amour
La douceur d'être infortunée. (*bis.*)

FRIVOLET.

Ma cousine est comme ma tante, en société avec ses livres... Elle s'arrête.... On est entré.... On m'annonce. (*A Germano.*) Je commence mon rôle, va-t-en à ta réplique.

GERMANO (*vivement*).

A punto, à l'altra porta, con ma famme et mes chevaux.... Di honore, di fidelta, di salario, ecco Germano. (*Il sort et ferme la grille.*)

SCÈNE XII.

FRIVOLET [*seul*].

A moi, maintenant.

AIR : *Mon Dieu ! comme à c'te fête.*

D'un romanesque personnage
Ayons le sublime langage ;
Amour, vertu, devoir, courage,
Fureur et tous leurs agrémens....
Style obscurci, jargon sauvage,
Récits touchans sur mon volage....
Doux souvenirs, cruels sermens,
Rêves fâcheux et tremblemens ;
Fuite nocturne, affreux orage !...
Et sauvons dans ces mouvemens,
Mon cher honneur à tous momens ;
Comme l'on fait dans les romans.

Tout est pour moi, jusqu'à cette lettre qui devoit me nuire, ce sera un bon pis-aller... Silence,

SCÈNE XIII.

FRIVOLET (*baissant son voile*), ARABELLE (*un mouchoir à la main*), GERMON, LUCAS.

ARABELLE (*émue*).

Pardonnez, Madame, au retard que j'ai mis à me rendre ici; mais, profondément occupée, j'étois si loin de m'attendre à une semblable aventure, que vous devez plutôt accuser ma grande surprise que mon peu de gratitude.

FRIVOLET (*à part*).

Voilà le style. (*Il lève son voile d'un air intéressant.*) Vous ne m'en devez pas, Mademoiselle; votre âme inexpérimentée n'a pu deviner l'audace d'un séducteur, les tourmens de sa victime, et la sensibilité expansive qui m'a contrainte à vous rendre un si triste service. (*A part.*) Pas mal, je crois.

GERMON (*s'avance galamment à droite*).

Peut-on, belle Dame, vous offrir quelque chose? (*Arabelle rêve.*)

LUCAS (*à part*).

La belle Dame est d'une belle taille.

FRIVOLET (*prend la main de son oncle*).

Je vous rends grâce. (*A Lucas qui lui avance un siége.*) Fort bien, mon ami.

ARABELLE (*s'asseyant*).

Me voilà prête à vous entendre, Madame.

GERMON (*à part*).

Elle m'a serré la main.... Ah! mes pauvres yeux où êtes vous?....

LUCAS (*à part*).

Mon ami! Comme elle est gracieuse et naïve!

SCÈNE XIV.

GERMON, FRIVOLET, ARABELLE, LUCAS.

FRIVOLET [*ayant toussé*].

Née à Florence même, mariée de très-bonne heure, je perdis bientôt un époux dont l'âge avancé....

LUCAS.

Ah! mon dieu! une jeune italienne, et un vieillard!

GERMON.

Et Madame est brune, je crois?

FRIVOLET.

Hélas! oui.

GERMON.

Quel dommage!

ARABELLE.

Daignez achever.

FRIVOLET.

Eh bien, charmante Arabelle, dès que je fus veuve....

AIR : *Guarda mi del piedi à capo* (*Di Vincentio Martini*).

De mes jardins l'ombrage solitaire
Devint pour moi le plus charmant séjour;
Mon cœur souffrant y cherchoit le mystère,
Et le mystère y conduisit l'amour.
D'un feu sincère
Un seducteur
Osa m'y faire
L'aveu trompeur.
Adieu plaisirs, ombrage solitaire;
La paix a fui cet aimable séjour;
Aux voluptés d'un paisible mystère,
Ont succédé les tourmens de l'amour.

Un chêne antique et sombre
Protégea son dessein.
Au plus hardi larcin
Faisant servir son ombre,
Florval..... baisa ma main.
Foiblesse déplorable,
A quoi m'exposes-tu ?
Devois-je être coupable
Avec tant de vertu ? (*bis.*)
Adieu plaisirs, ombrage solitaire,
La paix a fui votre aimable séjour;
Aux voluptés d'un paisible mystère
Ont succédé les tourmens de l'amour.
Souvent dans ma pensée,
Ce touchant souvenir
Aux rêves vient s'unir...;
Mais je suis délaissée,
Et c'est pour me punir.
Arabelle jalouse
Y prétendroit en vain;
Et je veux, s'il l'épouse,
Le poignarder demain. (*bis.*)
Oui, mes amis, tous deux, vous mourrez de ma main.

GERMON.

Quel caractère !

LUCAS.

Elle l'avoit bien dit.

FRIVOLET (*reprenant langoureusement*).

Jeunes beautés, l'ombrage solitaire
N'est plus pour vous qu'un perfide séjour;
Et sous ces fleurs qu'embellit le mystère
Est un poison apprêté par l'amour.
Femme jalouse !
Cruel destin !
S'il vous épouse,
Il meurt demain;
Et de ma main,
Nous mourrons tous le lendemain.

LUCAS [*avec admiration*].

J'espère que Madame est malheureuse !

GERMON (*enthousiasmé*).

Ah ! mon âme a deviné la sienne ! Oui, Madame, loin de risquer de vous déplaire, je veux..... punissant... moi-même..... un ingrat.....

LUCAS.

Oui, Madame, il a tort.

FRIVOLET (*à part, vite*).

Profitons du moment. [*Haut.*] Le mépris est ma seule vengeance, et voici, depuis le bal d'avant-hier, quel plan j'ai formé : j'ai pour douaire un château superbe auprès de Salerno. Dans quelques minutes, je vous y mène, et toutes deux dans le sein de l'amitié, nous oublierons qu'il y a des hommes au monde.

GERMON.

AIR : *Du vaudeville de Florian.*

Sur ce point daignez transiger :
Il en est encor de fidèles.

FRIVOLET.

Tout homme est inconstant, léger.....

LUCAS.

Et Madame en sait des nouvelles.

FRIVOLET.

Aimable, gai, vif et brillant,
A nous tromper il met sa gloire....
De ces défauts, en vous voyant,
Bientôt nous perdrons la mémoire. } *bis.*

(*A Arabelle.*) Hé bien?....

GERMON.

Il me semble entendre la belle Bradamante.

LUCAS.

Ou Mistriss Valsingham, en Écosse....

FRIVOLET (*avec un coup-d'œil d'amitié à Lucas*).

Ce garçon-là paroît instruit : .... il verra ma bibliothèque....

LUCAS (*joyeux, à part*).

La belle Dame me reluque, je crois....

GERMON.

Si vous daignez retarder jusqu'à demain, j'aurai le tems de recevoir mon neveu que j'attends, un étourdi qui rentre enfin dans le sein de sa famille.

LUCAS.

Il est arrivé.

FRIVOLET (*faisant l'étonné*).

Bon !

LUCAS.

Le mauvais sujet veut épouser sa cousine malgré elle, comme le prince de....

ARABELLE.

Qu'entends-je ?

GERMON.

Et tu l'as vu ?....

LUCAS.

Oui, par derrière; mais je le reconnoîtrois bien vîte.

FRIVOLET.

A quoi donc ?

LUCAS.

A son costume.... C'est absolument comme cette gravure de la mode qui nous est venue de France avec la nouvelle année.

AIR : *En quatre mots.*

Là, ce matin, j'ai vu tout le mic mac.
Sa veste est couleur de tabac,
A Paris, c'est un frac.
Dans son attirail fantasque,
Le chapeau s'élève en casque,
Et se replie en clac.

Le gilet court rayé comme un tric-trac,
La culotte un vrai sac ;
Mais il s'est enfui...... crac !
Pour moi, j'en parle *ab hoc*, *ab hac* ;
Voyez sur l'almanach.

Un libertin !

FRIVOLET (*cachant sa colère et souriant à Lucas*).

Ce garçon me paroît d'une moralité.... (*A part.*) L'animal !

LUCAS.

Oui, je suis moral comme personne. [*A part.*] Mais elle me lorgne, c'est vrai.

FRIVOLET (*vivement, à Lucas*).

Mon ami, vous attendrez ce jeune homme, pour nous rejoindre avec lui. (*A part.*) Un surveillant de moins.

LUCAS (*regardant les mines de Frivolet*).

Est-ce que le bonheur m'en voudroit ?

ARABELLE [*inquiète*].

Si j'avois pu jusqu'à ce soir....

GERMON.

Voir encore Florval ? Non, il faut partir ;.... un voyage ne vous nuira pas...

FRIVOLET.

J'en ai tant fait, moi ! C'est comme cela que j'ai perdu mon accent.

GERMON.

Que de plaisirs sur cette route !.... Je me vois déjà aux portes de Naples.

AIR : *Du vaudeville de l'Avare.*

Là fut ravie Eléonore,
Et sa maison se trouve ici....
Le bouillant Vésuve à l'aurore,
Herculanum et Portici,
Et vers le couchant Paluzzi.

FRIVOLET.

Le ravisseur de cette fille
Ne fit que cet enlèvement ;
Moi, je me flatte, en ce moment,
D'enlever toute une famille. (*bis*)

ARABELLE [*à Frivolet*].

Je ne doute point de votre récit, Madame ; mais puis-je savoir à quelle époque Florval....

FRIVOLET.

Il faut donc vous percer le cœur.... Voyez dans ces tablettes.....

ARABELLE [*les saisit*].

Mes tablettes sacrifiées ! [*Elle soupire*].

FRIVOLET (*à part*).

Heureux hasard !

LUCAS.

Tiens !.... [*Il remonte la scène.*]

GERMON.

Ah ! ah !

FRIVOLET.

Ce n'est pas là tout ; lisez ces couplets satyriques....

ARABELLE [*jette un coup-d'œil.*]

Contre les romans ?

GERMON.

Quelle insolence ! [*Il prend les tablettes.*]

LUCAS [*regardant à la grille*].

Monsieur Florval.

FRIVOLET (*à part*).

Diable. [*Il s'écrie.*] Il veut donc ma mort !... [*Bas à Germon.*] Donnez, et que je m'échappe.

GERMON.

Non, Madame, permettez, je veux le faire rougir.

SCENE

SCÈNE XV.

GERMON, FRIVOLET [*baissant son voile*], ARABELLE, FLORVAL, LUCAS.

FLORVAL (*accourant près d'Arabelle*).

AIR : *Va-t-en voir s'ils viennent, Jean.*

Je puis enfin, à mon tour,
O mon Arabelle,
T'offrir le tendre bonjour
D'un amant fidèle.

(*L'orchestre finit l'air. Les personnages sont immobiles et tournent le dos à Florval*).

LUCAS (*à part*).

C'est se lever un peu tard.

FLORVAL.

Que vois-je? j'ai commis une impolitesse.... Puis-je demander quelle est Madame ?

GERMON (*vivement et se plaçant près de Florval ; d'un ton sec*).

C'est moi qui vous le demande.

FLORVAL (*surpris*).

Que veut dire ceci?

GERMON (*lui présentant les tablettes ouvertes*).

Voyez, Monsieur.

FLORVAL.

Mais, mon Arabelle....

ARABELLE (*à part*).

Le trompeur!

GERMON.

Lisez, Monsieur.

FLORVAL (*lit, étonné*).

« Plan de romans.... Daignez me dire....

GERMON (*sèchement*).

Chantez, Monsieur.

FLORVAL.

Chanter !. . .

GERMON.

On vous en prie. . . .

FLORVAL (*lit*).

« Plan de romans dans le genre anglais.

AIR : *Mon père étoit pot.*

« Peignez d'abord un château fort,
» Une personne morte.
» L'esprit, la lune, un corridor,
» Une petite porte ;
» Un noble assassin,
» Un grand souterrain,
» Des amans en voyage,
» Des enfans trouvés,
» Et puis vous aurez
» Un excellent ouvrage.

Puis-je au moins demander. . . .

GERMON.

Continuez, Monsieur, vous chantez fort bien les couplets.

FLORVAL.

Quelle cérémonie ! (*Il lit.*)

Deuxième couplet.

« Un bois antique, un moine blanc,
» Une chambre bien noire ;
» Faites-nous d'un pilier tremblant,
» La clef de votre histoire.
» Echos répétés,
» Rochers habités,
» Des parens d'un grand âge ;
» Un crime secret,
» Et vous aurez fait
» Un magnifique ouvrage

LUCAS (*à part*).

C'est bien cela, pourtant.

GERMON (*se contraignant*).

Comment les trouvez-vous?

FLORVAL.

S'ils ne sont pas très-bons.... Ils sont assez vrais, du moins.

ARABELLE (*fait un mouvement de dépit*).

FLORVAL.

Mais, mon Arabelle, m'expliquerez-vous?...

GERMON (*l'interrompant sèchement et durement*).

Au troisième et dernier.

FLORVAL.

C'en est trop, à la fin...

FRIVOLET (*soulevant son voile et déguisant sa voix*).

Je vais vous épargner cette peine. (*Il prend les tablettes et lit.*)

Troisième couplet.

» Montrez sur de rians côteaux
» Un hermite en prière;
» D'un brigand faites un héros,
» D'une fille une mère.
» Des persécuteurs,
» Des remords vengeurs...
» La danse d'un village,
» Et puis pour la fin
» Un heureux destin....
» Mon Dieu, le bel ouvrage!

GERMON (*à Florval*).

Comment est-ce chanté, cela?... hein?

FLORVAL (*riant*).

Ah! j'y suis... Fort bien;... l'Auteur ne feroit pas mieux.... Il s'est nommé lui-même.

GERMON [*avec éclat*].

Vous en convenez ?

FLORVAL (*riant plus fort*).

Moi, tant qu'on voudra !... Mais la plaisanterie est bonne....

FRIVOLET (*à part*).

Vîte un incident.... (*Haut.*) Dieu ! je me meurs !... (*Il feint de s'évanouir et garde les tablettes.*)

LUCAS (*courant ainsi que Germon vers Frivolet*).

Ah ! mon Dieu !

GERMON (*désespéré*).

Voilà comme finissent ces aventures-là !...

(*Ils emportent Frivolet au Pavillon*).

FLORVAL (*à Arabelle qui veut sortir*).

Laissez finir cette comédie ; et puis que je l'ai reconnu....

ARABELLE [*avec douleur et mépris*].

Quels propos ! allez, Monsieur ; laissez-moi réparer le mal que vous causez ici.... Et surtout n'y reparoissez jamais.

SCÈNE XVI.

LUCAS, FLORVAL [*seul un moment*].

FLORVAL.

Oh ! j'aime à rire, mais ceci dure trop.

LUCAS [*enchanté, se parle à lui-même*].

C'est fini, je ne peux pas me refuser à ces preuves-là.

FLORVAL.

Imbécille ! tu as laissé....

LUCAS.

Heureusement qu'elle se désamourache un peu de vous !...

FLORVAL.

Arabelle ne m'aime plus ?

LUCAS.

Vous pouvez prendre votre volée.

FLORVAL [*impatienté*].

Eh ! le Ministre ne m'a-t-il pas retardé ? toute la ville le sait, et je venois le dire ici, avant d'aller arrêter les préparatifs.

LUCAS.

Dites-moi une chose auparavant.... Comment s'y prend-on pour écrire à une Dame, la première fois ?

FLORVAL.

Une Dame ?

LUCAS.

Dont je suis amoureux.

FLORVAL.

Fais comme tu pourras ; dis-moi seulement....

LUCAS.

Elle m'a cligné de l'œil et serré la main.... Mais d'une force.

FLORVAL.

Il n'y a pas long-tems ?

LUCAS.

Mon Dieu ! c'est tout frais....

FLORVAL (*riant*).

Laissons ton amour et parlons du mien.

LUCAS [*prenant sur la main à droite le papier et le crayon de Germon*].

Dictez-moi.... Je vous débarrasse d'un fier fardeau, allez. [*Il déchire une feuille du cahier.*]

FLORVAL.

Eh ! parle donc....

LUCAS.

Après....

FLORVAL.

Faisons ce qu'il veut.... [*Il dicte.*] Mademoiselle

LUCAS.

Ah! non; *Madame.* Elle l'a bien gagné....

FLORVAL [*à lui-même*].

Pourquoi cette humeur? [*Il regarde vers le Pavillon.*]

LUCAS [*se grattant l'oreille*].

J'ai trouvé.... [*Il écrit.*]

AIR : *Or vous saurez que jusqu'ici ma femme.* (*De Voltaire et Richelieu.*)

J'ai nom Lucas, je suis garçon et sage,
Gai, buvant sec, de mon honneur jaloux,
Et je vous offre un très-bon mariage,
Si vous pouvez en dire autant de vous.

FLORVAL.

Incertitude affreuse et trop cruelle,
Cesse à la fin de déchirer mon cœur,
Et qu'un seul mot de la tendre Arabelle
Me rende ici la paix et le bonheur.

LUCAS.

Avec cela cinquante écus de gage....
C'est tout mon bien; si je meurs sans enfans,
Sous seing privé hautement je m'engage
Que le surplus reste à mes descendans.

Style de notaire.... Avec un pain enchanté..... [*il cachette.*]

FLORVAL.

O mon Arabelle! s'il étoit un moyen de nous unir promptement....

LUCAS.

Dans un pot de fleurs, c'est plus tendre.

FLORVAL [*à lui-même*].

Mais, comment trouver cela?

LUCAS [*répondant*].

Diable! c'est vrai.... Mais un *Post scriptum*.... [*Il écrit*]. « Vous trouverez ma lettre dans le pot, en

» face de la grille ». Vous voyez bien. — « Si vous me » faites une réponse, mettez-y mon nom et mon adresse ; » sans cela il y auroit des gens assez bêtes pour la porter » ailleurs ».

SCÈNE XVII.

FLORVAL [*courant à Germon*], LUCAS [*quittant le pot*].

FLORVAL [*à Germon*].

Daignerez-vous enfin....

GERMON.

Je te fais réparation, mon ami, tu n'es point infidèle.

(*Florval est surpris.*)

AIR : *Du vaudeville de Lastenie.*

Sur toi cette Dame a menti,
Et je sais que ce stratagême
Tendoit à l'introduire ici ;
Mais tout est permis quand on aime :
D'amour j'ai senti les effets.

LUCAS (*à part*).

C'est pour moi, peut-on s'y méprendre ?

(*A Germon.*)

Si vous savez tout, je me fais
Un vrai plaisir de vous l'apprendre.

FLORVAL.

Et malgré votre parole, vous approuvez qu'un rival...?

GERMON [*riant*].

Figure-toi que, quand cette Dame s'évanouit,

AIR : *Quand j'avois l'âge de mon fils.*

Surpris d'un tel saisissement,
Je la transporte promptement ;
Tout aussitôt je la délace ;
Mais jugez mon étonnement,
Je reste là sans mouvement.... (*bis*)

LUCAS.

Ah ! que n'étois-je alors à votre place ?
Mais à votre âge l'on sait bien
Qu'en pareil cas l'on n'y voit rien.

GERMON.

C'est cela, je n'y voyois rien.

LUCAS.	GERMON.
Je le crois bien. (*bis*)	Je n'y voyois rien (*bis*)

LUCAS.

Puis qu'elle s'est déclarée, je prends la balle au bond, et je l'épouse.

GERMON.

Tu épouses mon neveu ?

LUCAS.

Bah !

FLORVAL [*montrant Lucas*].

Il est fou.

GERMON [*à Florval*].

Je sais tout, te dis-je ; le travestissement, les tablettes, les couplets, l'enlèvement même.... Le pauvre garçon faisoit tout cela par amour.

FLORVAL.

Un enlèvement ?... [*Il réfléchit.*]

GERMON.

Il a d'ailleurs le consentement de sa tante Aurore.

FLORVAL.

C'est moi qui l'ai....

GERMON [*impatienté*].

Au fait, mon neveu me convient.

FLORVAL.

Pour une folie de plus.

GERMON.

Allons, égaie-toi, nous irons te voir partir dans ton ballon.

LUCAS.

Ah! vous savez bien....

FLORVAL [*vivement le fait taire et vient à lui*].

Paix! [*Bas.*] Suis-moi.

LUCAS [*idem*].

Pourquoi ça?

FLORVAL [*idem*].

Ah! cher neveu! vous êtes pris. [*Il sort vivement.*]

GERMON [*à Florval*].

Hein! que dis-tu?

LUCAS [*en sortant*].

Ah! la belle Dame du château!... je ne sais pas ce que c'est; mais vous me la paierez. [*Il sort.*]

SCÈNE XVIII.

GERMON [*seul*].

Où sont-ils donc? Florval? Lucas?

SCÈNE XIX.

GERMON, ARABELLE [*accourant*].

ARABELLE.

Ah! mon père, qu'ai-je appris? vous rompez vos engagemens?

GERMON.

Oui, et tu vois; ton Florval a déjà pris son parti.

ARABELLE.

Si vous vous trompiez encore?...

GERMON.

En fait d'amour, jamais! ton cousin, par exemple;

que de peines, de projets, d'entreprises depuis ce matin! et pour toi seule; va, tu n'es pas mon sang!

ARABELLE.

Épouses cruellement sacrifiées, votre sort va devenir le mien!

GERMON.

Ecoute....

ARABELLE.

Cinthélia!...

GERMON.

Je te dis....

ARABELLE.

Maria!....

GERMON.

Finiras-tu?

AIR: *On nous dit que dans l'mariage.*

Si pour moi quelqu'amour lui reste,
Arabelle m'obéira.

ARABELLE.

Je t'éprouve, ô destin funeste
De la triste Théodora!

GERMON.

Encor!.... voilà les fruits
De tes romans maudits.
Quel travers!....

ARABELLE.

N'ai-je pas dû faire
Tout comme a fait (*bis*) mon père?

SCÈNE XX.

GERMON, ARABELLE, LUCAS (*venant doucement*).

GERMON (*en colère*).

On n'est jamais trahi que par ses proches.

LUCAS (*bas à Arabelle*).

Mamzelle,... venez, s'il vous plaît; v'là le moment.

GERMON.

Qu'est-ce?

LUCAS (*bas à Arabelle*).

Il est tout enflé....

GERMON.

Eh! qui donc?

LUCAS (*haut*).

C'est M. Florval qui m'envoie.... (*A part.*) Je vas m'embrouiller;... c'est sûr.

ARABELLE.

J'attendrai mon père.

LUCAS (*embarrassé*).

Mais il faut que mamzelle soit là, en face de lui.... quand il partira.... là, derrière le mur.

GERMON.

C'est une dernière politesse; va te placer.

ARABELLE (*soupirant*).

Ah! quel moment!

LUCAS (*à Germon*).

Ah ça! je ne vous ai pas dit de sottises, n'est-ce pas?

GERMON.

Parbleu! cela seroit nouveau!

LUCAS.

Ma commission étoit délicate; il me l'a dit....

GERMON.

Le sot.

LUCAS.

Comme je vous le dis à vous-même.... Venez, mamzelle, s'il vous plaît. (*Il sort, ainsi qu'Arabelle.*)

SCÈNE XXI.

FRIVOLET [*dans la coulisse*], GERMON.

GERMON.

Je le savois bien, qu'il se consoleroit. (*On entend une ritournelle.*) Ah ! voilà le véritable amant.

FRIVOLET.

Musique de Campenhaut.

Romance trop plaintive,
Fuis loin de ce séjour ;
Momus lui-même arrive,
Pour chanter mon amour.
Qu'un céladon se mine
Par sa dolente ardeur,
Moi, j'écarte l'épine
Et je cueille la fleur.

GERMON (*surpris*).

Comment ?...

FRIVOLET.

Deuxième couplet.

Mes refrains sont le livre
Que je veux consulter ;
Pour aimer, il faut vivre ;
Pour vivre, il faut chanter.
Femme laide ou jolie,
Peut jouir sans efforts ;
Amour, gaîté, folie,
Voilà ses vrais trésors.

GERMON.

Tu es bien changé !

FRIVOLET.

Non pas, mon oncle, j'y perdrois trop.... Mais parlons de mes créanciers, c'est bien le moins que j'y pense une fois.

GERMON.

As-tu retrouvé dans ton habit d'homme ce consentement dont tu m'as parlé ?

FRIVOLET (*à part*).

Ah! diable! [*Haut.*] Allons voir l'aérostat.

GERMON.

Nous le verrons d'ici; donne la lettre....

FRIVOLET.

Oubliez-vous que vos yeux ?... [*Il lui donne la lettre.*]

GERMON.

Pour l'écriture de ma sœur Aurore?... c'est la seule dont je vienne à bout. [*Il cherche ses lunettes.*]

FRIVOLET (*à part*).

Me voilà bien. (*Haut.*) Ma tante écrit singulièrement, vous le savez....

GERMON (*lit*).

Parbleu! hum! hum!... « Monsieur, les écarts d'un » mauvais sujet de neveu » [*à Frivolet.*] C'est un peu dur, tu as raison. [*Il lit.*] « ne peuvent me rendre » injuste envers le jeune homme aimable....

FRIVOLET.

Style figuré sur mon changement de conduite.

GERMON.

Je comprends.... [*Il lit.*] « Aimable, dont j'approuve » la recherche, et je vous donne ici.... Ici.... Mon.... (*A lui-même*). C'est un pâté, je crois.... [*Il lit.*] « Mon consentement. ». Toujours laconique!

FRIVOLET [*voulant prendre la lettre*].

Ah! ma bonne tante!

GERMON.

Attends; voici des nouvelles de sa maison et des nouveaux mariés. [*Il lit.*]

AIR : *Femmes, voulez-vous éprouver.*

« Ma Julie et son jeune époux,
» Dans leur verve aimable et féconde,
» Chaque soir lisent entre nous
» La princesse de Trébisonde.

» Marton sourit près de Frontin ;
» Et George, animant sa figure,
» Prétend qu'il est sûr et certain
» Qu'on doit céder à la nature.

FRIVOLET.

Vaut mieux tard que jamais. (*Il se retourne.*) Mais que vois-je ?

SCÈNE XXII.

FRIVOLET, GERMON, LUCAS (*arrivant tout effaré*).

[*On voit s'élever derrière le mur du fond, un ballon encore retenu par ses câbles ; Florval et Arabelle sont dans la nacelle ; l'une étend ses bras vers son père, et l'autre paroît désespéré.*]

GERMON [*à Frivolet*].

Eh bien ! que vois-tu ?

LUCAS (*criant*).

Mamzelle qui s'en va.

GERMON.

O ciel !

LUCAS.

Justement. En ballon ; c'est un désespoir de M. Florval.

ARABELLE (*criant*).

O mon père !....

FLORVAL (*d'un air désespéré*).

Arabelle ou la mort !

GERMON.

L'audacieux ! Cours mon neveu.

FRIVOLET (*éclatant de rire*).

Ah ! parbleu, celui-ci passe tous les miens.

GERMON.

Et voilà ton amour ? Vîte, Lucas, à la justice. [*Il regarde vers le fond.*]

LUCAS.

La justice en l'air ! y pensez-vous ?

GERMON.

Ils sont déjà à perte de vue.... donne mon télescope.

FRIVOLET [*riant plus fort*].

Je vais les joindre.... Ah ! la bonne folie ! [*à Florval.*] Pauvre amoureux !... rassure-toi.... [*Il sort.*]

GERMON [*criant*].

Que je les voie : qu'ils descendent, Lucas.

(*Le ballon descend, on ne le voit plus.*)

LUCAS [*court aussi*].

Laissez-moi donc.

GERMON.

Où vas-tu ?

LUCAS (*disparoît*).

Prendre une échelle.

SCÈNE XXIII.

GERMON (*seul*).

Trop infortuné Chrisostôme !

AIR : *Ah ! maman, que je l'ai échappé belle.*

Une fille, hélas ! trop criminelle,
Méprisant la voix
De la nature qui l'appelle,
Se livrant au vol d'une nacelle,
Se met à la fois
Au-dessus d'un père et des lois.

(*Il se place à gauche et regarde à droite vers le fond.*)

Les voilà tout là-haut.... Viens, fille imprudente ! c'est le pardon qui t'attend.

SCÈNE XXIV et dernière.

FRIVOLET, ARABELLE, GERMON, FLORVAL, LUCAS (*portant une échelle*).

ARABELLE [*courant aux genoux de son père*].

Ah! mon père! je viens le recevoir....

FLORVAL (*de même*).

Et moi, le demander.

FRIVOLET (*de même et riant*).

Et moi, le mériter.....

LUCAS [*de même, son échelle en main*].

Et moi, vous raconter

GERMON.

Plus d'éclaircissement. J'excuse tous les torts. (*Tout le monde se lève.*)

FRIVOLET (*gaîment*).

Connoissez donc les miens.

GERMON (*à Florval qui le presse*).

Que veux-tu que j'y fasse? je sens bien maintenant la force de ton amour, mais le consentement de ma sœur....

FRIVOLET.

Je l'ai escamoté.... Changez le sens....

FLORVAL (*montrant une enveloppe*).

Et voyez l'enveloppe.

GERMON (*à Florval*).

Embrasse donc ta femme... (*Il s'essuie les yeux.*) J'ai lu bien des romans, mais ma foi....

FRIVOLET.

Jamais un comme le mien.... Approuvez-le, mon oncle; payez mes folies, et mariez-moi pour me reposer; car il faut en venir là.

AIR:

VAUDEVILLE. AIR : *Du vaudeville des Trois Fanchons.*

D'un jour la vie est l'image :
Le matin est orageux,
A midi, plus vif que sage,
L'homme acquiert de nouveaux feux.
Des honneurs la soif l'arrête,
L'intérêt le fait mouvoir ;
Le déclin calme sa tête ....
Il s'endort en paix le soir. (*bis pour tout le monde.*)

GERMON (*à sa fille*).

Pour ta mère avec tendresse,
Autrefois chaque soleil
Me voyoit d'une caresse
Accompagner mon réveil.
Sa perte à jamais m'enlève
Le plaisir d'un tel devoir,
Et ma nuit seroit sans rêve,
Si tu n'étois là le soir. (*bis*).

LUCAS.

Au moyen d'un beau mensonge,
Quoiqu'on me dise assez fin,
Monsieur m'a fait faire un songe,
Tant qu'a duré ce matin.
Ses caresses et sa jupe
Trompoient mon crédule espoir ;
Le matin, je fus sa dupe,
Mais nous aurions vu le soir. (*bis.*)

FLORVAL (*à Arabelle*).

De la chaîne fortunée
Qui nous unit en ce jour,
Que l'anneau soit l'hyménée
Et le forgeron l'amour.
De son foyer, dès l'aurore,
Qu'il signale le pouvoir....
Et qu'il la resserre encore
Dans sa visite du soir. (*bis*)

ARABELLE (*en confidence au public*).

Tantôt, en quittant la terre,
J'ai cru voir un pauvre auteur,
Examinant l'atmosphère,
D'un œil troublé par la peur.
Ce matin, loin de le plaindre,
J'ai redoublé son espoir....
Mais peut-être a-t-il à craindre
Quelque orage pour ce soir.
(*bis pour tout le monde.*)

FIN.

A BREST, de l'Imprimerie de MICHEL, rue Prolongée de la Rampe, n°. 30.

www.ingramcontent.com/pod-product-compliance
Lightning Source LLC
LaVergne TN
LVHW022149080426
835511LV00008B/1338